CURSO DE ESPAÑOL

Espacio JOVEN

Libro de ejercicios

Equipo ESPACIO

Nivel **A2.2**

1.ª edición: 2012
2.ª impresión: 2013

© Editorial Edinumen, 2012

© **Autoras:** Paula Cerdeira Núñez y Ana Romero Fernández

© **Adaptación Equipo Espacio:** María del Carmen Cabeza Sánchez, Francisca Fernández Vargas, Luisa Galán Martínez, Amelia Guerrero Aragón, Emilio José Marín Mora, Liliana Pereyra Brizuela y Francisco Fidel Riva Fernández.
Coordinación: David Isa de los Santos y Nazaret Puente Girón

Depósito legal: M-27496-2013
ISBN: 978-84-9848-346-8

Impreso en España
Printed in Spain

Coordinación editorial:
  Mar Menéndez

Edición:
  David Isa
  Nazaret Puente

Diseño de cubierta:
  Carlos Casado

Maquetación:
  Antonio Arias y Carlos Yllana

Ilustraciones:
  Carlos Yllana

Fotografías:
  Archivo Edinumen

Impresión:
  Gráficas Glodami. Madrid

Editorial Edinumen
  José Celestino Mutis, 4. 28028 Madrid. España
  Teléfono: (34) 91 308 51 42
  Fax: (34) 91 319 93 09
  e-mail: edinumen@edinumen.es
  www.edinumen.es

Reservados todos los derechos. No está permitida la reproducción parcial o total de este libro, ni su tratamiento informático, ni transmitir de ninguna forma parte alguna de esta publicación por cualquier medio mecánico, electrónico, por fotocopia, grabación, etc., sin el permiso previo y por escrito de los titulares del copyright.

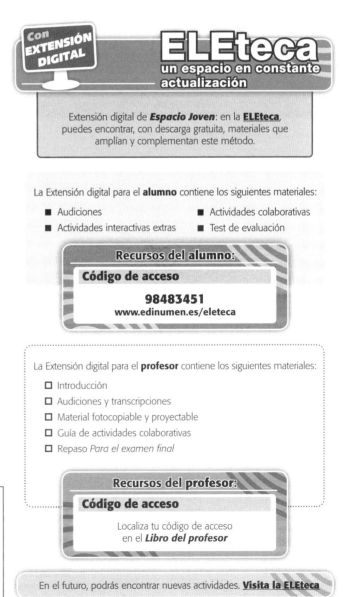

Ejercicios

Unidad 1

1.1. Busca en la sopa de letras los participios irregulares de estos ocho verbos.

1. Hacer ....
2. Escribir ....
3. Devolver ....
4. Decir ....
5. Ver ....
6. Morir ....
7. Romper ....
8. Abrir ....

O	T	I	R	C	S	E	D	F	J	Z
S	U	T	Y	Z	R	E	G	A	Z	I
R	Y	B	A	F	V	T	M	M	N	X
I	H	O	T	U	B	H	G	T	U	E
O	W	E	E	S	R	B	D	S	F	R
I	T	L	C	O	O	M	O	B	R	R
M	T	R	H	H	T	P	T	B	B	M
O	M	C	E	R	O	T	R	B	I	T
Z	I	H	X	I	H	S	E	G	R	I
D	W	B	W	J	B	D	U	H	C	W
V	I	S	T	O	E	A	M	Z	B	G

1.2. **a.** Relaciona estos personajes hispanos con las cosas que han hecho.

1. *Ferrán Adriá*
2. *Penélope Cruz*
3. *Fernando Alonso*
4. *Octavio Paz*
5. *Shakira*
6. *Isabel Martínez de Perón*

a. Ha ganado el campeonato del mundo de F1.

b. Ha cantado con Alejandro Sanz.

c. Ha ganado el Premio Nobel de Literatura.

d. Ha revolucionado el mundo de la cocina.

e. Ha sido presidenta de Argentina.

f. Ha actuado en varias películas de Pedro Almodóvar.

b. ¿Conoces algunos personajes famosos de tu país? ¿Qué cosas han hecho? Haz frases.

tres • 3

1.3. **a.** Completa la conversación usando los siguientes verbos para narrar la historia que se cuenta en los dibujos.

pedir • tirar • ir • salir • llegar • ver • robar • romper

María: ¡Hola, Pedro! ¿Cómo estás?
Pedro: ¡Uf! Hoy no tengo un buen día. He tenido una cita con Ana que ha sido un desastre…
María: ¡No me digas! ¿Qué ha pasado?
Pedro: Pues para empezar, esta mañana se _____ el coche. Por eso _____ muy tarde a mi cita.
María: ¿Y qué ha dicho Ana?
Pedro: Pues, como es lógico, estaba enfadada, pero yo le he explicado el problema y parece que lo ha comprendido. Luego *(nosotros)* _____ a cenar a un restaurante italiano, Ana _____ sopa para cenar y el camarero _____ la sopa encima de Ana.
María: ¡Qué horror!
Pedro: Finalmente, cuando *(nosotros)* _____ del restaurante *(yo)* _____ que… ¡Alguien _____ mi coche!

b. Ahora ordena los dibujos según la historia que se cuenta en el diálogo.

| 1 | 2 | 3 | 4 | 5 |

1.4. **a.** Escribe la forma correcta del verbo entre paréntesis.

a. Este año .... *(ir, yo)* de vacaciones con mi familia a una playa de la Costa Brava.
b. Durante las vacaciones .... *(hacer, nosotros)* submarinismo en el Mediterráneo.
c. Mi hermana no pudo bañarse con nosotros porque aún no .... *(aprender, ella)* a nadar.
d. Este verano mi padre y mi hermano mayor .... *(pescar, ellos)* un pez muy grande y ellos .... *(decidir)* hacerle una foto.
e. Yo .... *(escribir)* postales a mis amigos del colegio dos veces.
f. .... *(montar)* a caballo con mi madre varias veces.
g. Durante las vacaciones de Navidad nunca .... *(jugar, nosotros)* a la consola porque allí no hay televisión.
h. ¡Sin embargo mi hermana .... *(leer)* el último libro de Harry Potter tres veces!
i. ¿Adónde .... *(viajar)* vosotros estos días?

b. Busca los marcadores temporales en las frases anteriores.

a. ....
b. ....
c. ....
d. ....
e. ....
f. ....
g. ....
h. ....
i. ....

c. ¿Qué has hecho tú durante las últimas vacaciones? Escoge cinco de los marcadores temporales y escribe frases.

a. ....
....
....

b. ....
....
....

c. ....
....
....

d. ....
....
....

e. ....
....
....

1.5. Ordena las palabras para formar frases completas.

a. ¿has/Alguna/al/vez/extranjero/viajado?

b. ¿Alguna/has/algo/roto/otra/persona/de/vez?

c. ¿vez/ganado/Alguna/premio/has/un?

d. ¿avión/perdido/vez/un/has/Alguna?

e. ¿hecho/vez/de/riesgo/has/un/Alguna/deporte?

1.6. Sustituye las palabras en cursiva con el pronombre de objeto directo correspondiente.

a. Esta mañana María ha comprado *un sombrero nuevo para el sol*.

Esta mañana María lo ha comprado.
_____

b. Pedro ha escalado *las montañas más altas de Asturias* este año.
_____
_____

c. Mis amigos y yo hemos visto *una película* en mi casa esta tarde.
_____
_____

d. Este verano mis amigos han alquilado *un barco*.
_____
_____

e. Esta semana los estudiantes han hecho *sus exámenes finales*.
_____
_____

f. Pedro y María aún no han encontrado *sus maletas*.
_____
_____

g. Carlos ha vendido *su consola* porque necesitaba dinero.
_____
_____

h. Pablo nunca ha visitado *las ruinas de Machu Picchu*.
_____
_____

cinco • **5**

1.7. Completa las frases con los adjetivos del recuadro usando el superlativo.

> caro • bueno • alto (2)
> mejor • bajo • rápido (2) • cómodo

a. ► Yo prefiero viajar en avión porque es el transporte ....
   ▷ Sí, el avión es ...., pero a mí me da miedo.

b. ► He escuchado el nuevo disco de Julieta Venegas y es ....
   ▷ Yo creo que este disco es .... de su carrera.

c. ► ¡Tu hermano es ....!
   ▷ Sí, él es el .... de mi familia y yo soy la ....

d. ► Estos zapatos son ....
   ▷ Sí, pero también son ....

1.8. Sustituye las palabras subrayadas con el pronombre de objeto directo e indirecto correspondiente.

a. Miguel ha pedido el número de teléfono a la chica que conoció en el viaje.
   ....

b. Marta ha solicitado información sobre la ciudad a la oficina de turismo de Milán.
   ....

c. Pedro todavía no le ha regalado flores a su novia.
   ....

d. Mario ha hecho una foto a Susana esta mañana.
   ....

e. ¿Ya habéis dado los mapas a los turistas?
   ....

f. Juan le ha escrito una carta de amor a Luisa hoy.
   ....

g. Mi hermana le ha contado un secreto a mi madre esta mañana.
   ....

h. Ana le ha recomendado a María que visite México.
   ....

1.9. Juego de las diferencias. Este fin de semana Pedro ha estado haciendo limpieza en su habitación. Observa los dibujos del antes y el después y responde a las preguntas. Utiliza *ya*, *todavía no* y los dibujos correspondientes.

Antes

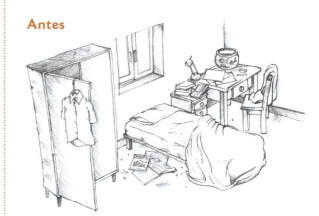

Después

a. ¿Ha guardado la ropa en el armario?
   _____

b. ¿Ha recogido las revistas?
   _____

c.	¿Ha hecho su cama? _____		**f.**	¿Ha abierto la ventana? _____
d.	¿Ha dado de comer a los peces? _____		**g.**	¿Ha cerrado el armario? _____
e.	¿Ha ordenado los libros? _____		**h.**	¿Ha barrido el suelo? _____

1.10. **Reescribe la siguiente postal usando pronombres de objeto directo e indirecto cuando corresponda.**

Querida María:

Estos días estoy de vacaciones en la playa en la Costa Brava. Aquí tengo muchos amigos. Veo a mis amigos todos los días y cuento a mis amigos las historias que me han pasado. Cuento a mis amigos las historias que me han pasado porque ellos se ríen mucho. También voy al cine a ver películas. Me gusta ver películas los lunes porque es más barato, y luego recomiendo las películas a mis amigos. Ellos prefieren las películas de acción pero no podemos ver las películas si son muy violentas.

¿Tú cómo estás? ¿Sabes algo de Ana? Yo vi a Ana el día antes de venir a la Costa Brava. Encontré a Ana muy contenta y dije a Ana que tenía que venir a visitarme, pero aún no he llamado a Ana. Si ves a Ana, di a Ana que espero a Ana aquí.

Un abrazo,
Pedro

1.11. **a.** Escoge la opción correcta para responder a las siguientes preguntas.

a. ¿Cómo ha estado la fiesta de Juan?

☐ Ha sido genial.

☐ Ha sido un rollo.

b. ¿Te ha gustado la última película de Pedro Almodóvar?

☐ Está muy mal.

☐ Es divertidísima.

c. ¿Cómo te ha ido en la escuela?

☐ Ha sido un día horrible.

☐ Ha sido un día muy divertido.

d. ¿Qué tal lo habéis pasado en la excursión?

☐ Ni fu ni fa.

☐ Lo hemos pasado fatal.

e. ¿Habéis ido al parque de atracciones? ¿Qué tal lo habéis pasado?

☐ Lo hemos pasado bien.

☐ ¡Lo hemos pasado de miedo!

f. ¿Cómo lo habéis pasado en el viaje a Perú?

☐ Lo hemos pasado de miedo.

☐ Lo hemos pasado fatal.

b. ¿Qué has hecho este fin de semana? Escribe frases contando lo que has hecho este fin de semana y cómo lo has pasado.

a.

b.

c.

d.

e.

c. Relaciona las expresiones con su significado.

1. Lo pasamos superbién.
2. Ni fu ni fa.
3. Ha sido un rollo.
4. Lo pasamos genial.
5. Lo pasamos de miedo.
6. Fue una pasada.
7. Ha sido fantástico.
8. Lo pasamos fatal.

Muy bien	Normal	Muy mal

8 · ocho

1.12. a. Pon comas donde sea necesario.

MADRID, TU MUNDO

Madrid tiene pasión por la cultura y eso se refleja en sus fuentes en sus monumentos al aire libre en los numerosos museos de la ciudad. Además del incalculable valor artístico que albergan sus museos salas de exposiciones y galerías de arte la Comunidad de Madrid cuenta con una riqueza patrimonial e histórica inigualable en sus calles edificios y monumentos. En los alrededores también se encuentran lugares inolvidables de singular atractivo como el Monasterio de San Lorenzo de El Escorial Alcalá de Henares ciudad Patrimonio de la Humanidad o el Real Sitio de Aranjuez entre otros. En definitiva un gran legado histórico que hace particularmente atractiva la oferta cultural de Madrid.

El turismo de ocio ofrece una variada oferta para disfrutar de Madrid tanto de noche como de día. Por el día puedes visitar fantásticos centros de diversión que nos permiten vivir experiencias difíciles de olvidar. Si prefieres algo más tranquilo hay cafés lugares de tertulia y sosiego. La Comunidad de Madrid cuenta también con extensiones naturales bellos espacios protegidos donde realizar variadas actividades deportivas. La noche madrileña constituye otro atractivo turístico importante. Madrid ofrece a sus visitantes una amplia oferta cultural permanente que abarca todo tipo de espectáculos musicales y teatrales. No dejes de visitar alguno de los restaurantes con encanto que cierran a última hora o las distintas zonas de copas con un ambiente vital cosmopolita y moderno.

Ir de compras por Madrid es uno de los grandes atractivos de la región. Puedes encontrar desde las más prestigiosas marcas internacionales hasta la artesanía de las pequeñas tiendas tradicionales e imaginativas. Anticuarios en El Rastro subastas de objetos artísticos moda joyas calzado artesanía muebles grandes almacenes grandes superficies comerciales… son algunas de las posibilidades que ofrece Madrid que tiene centros comerciales y de ocio por toda la región. Ir de compras por Madrid es más que una necesidad un placer.

(Adaptado del folleto *Madrid, tu mundo*, editado por el Consorcio Turístico de Madrid, S.A.)

b. Ahora contesta si son verdaderas (V) o falsas (F) las siguientes afirmaciones según lo que has leído en el texto.

	V	F
1. En Madrid hay muchos museos.		
2. El Monasterio de San Lorenzo de El Escorial está en Alcalá de Henares.		
3. Madrid es famosa por sus numerosos cafés.		
4. En Madrid hay numerosos parques donde se pueden realizar actividades deportivas.		
5. La vida nocturna de Madrid es tranquila y tradicional.		
6. En Madrid puedes comprar en grandes centros comerciales o en pequeñas tiendas.		

c. Contesta estas preguntas.

1. ¿Qué lugares de interés se mencionan en el texto desde el punto de vista cultural?

2. En el texto se dice que Alcalá de Henares es "Ciudad Patrimonio de la Humanidad". ¿Qué significa eso? ¿Qué hay en Alcalá de Henares para que sea tan importante?

3. ¿Por qué la oferta de ocio nocturna de Madrid es tan interesante?

4. ¿Sabes qué es El Rastro? Descríbelo.

5. Compara tu ciudad con Madrid. ¿En qué se parecen? ¿En qué se diferencian?

Ejercicios

Unidad 2

2.1. Alice y Robert están haciendo un puzle de verbos irregulares en pretérito indefinido. Para ayudarles tienes que completar los espacios en blanco de las fichas con un infinitivo o la tercera persona del singular del pretérito indefinido: fíjate en el ejemplo.

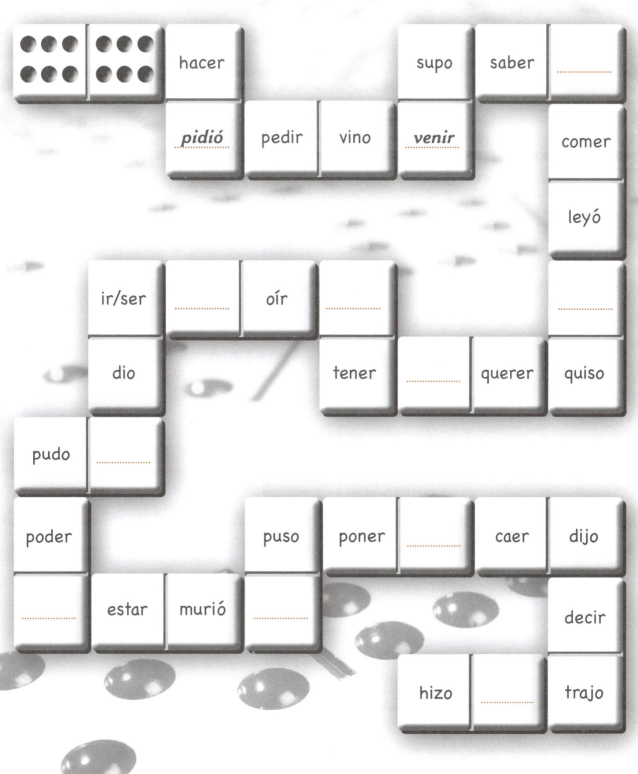

2.2. **a.** Recuerda los tipos de irregularidades del pretérito indefinido y completa los siguientes cuadros con los verbos anteriores.

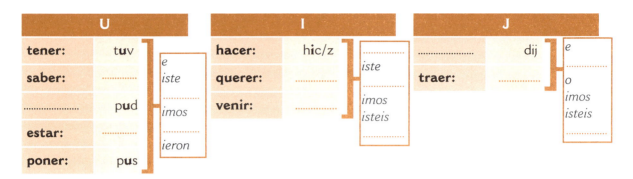

Pretéritos indefinidos irregulares solamente en la tercera persona del singular y del plural		
e>i/o>u/y		
	él/ella/usted	ellos/ellas/ustedes
pedir	pidió	pidieron

Otros verbos irregulares en pretérito indefinido	
ir/ser	
	diste
	dimos

b. Añade a la anterior clasificación los siguientes verbos: *repetir, herir, medir, mentir, seguir, corregir, competir, destruir*. Escríbelos en la tabla de arriba.

2.3. A continuación tienes tres hechos curiosos a los que les faltan palabras. Para descubrirlas, lee los textos que tienes debajo, complétalos transformando los verbos en pretérito indefinido. Contesta, después, a la pregunta y podrás resolver el misterio.

a.

Durante el siglo XVI se prohibió el consumo de ▮▮▮▮▮ en Egipto y Arabia por considerarse un peligro para la sociedad.

Durante un mes .... (tener) mucho trabajo; el límite .... (ser) una noche que .... (acostarse) a las 4 de la madrugada y .... (levantarse) a las 6; .... (dormir) solo dos horas. Ese día .... (beber) más de diez tazas para poder estar despierto; cuando .... (pedir) la undécima y se la .... (tomar), de repente, ... (ponerse) muy nervioso, ... (empezar) a hablar muy rápido y a moverse de un lado para otro. Después .... (salir) corriendo diciendo cosas sin sentido, gritando y golpeando a la gente…

¿Qué bebida tomó?

....

b.

Leonardo Da Vinci en todos sus viajes transportó ▮▮▮▮▮▮▮ en un doble forro de su maleta para evitar su robo.

Iván la .... (descubrir) por primera vez en París y cuando la .... (ver), ... (decir): "¡Misteriosa mujer!". .... (Ocurrir) por casualidad: ese día .... (despertarse) más pronto de lo habitual, y .... (dar) un paseo antes de ir a la reunión. .... (Comenzar) a llover y .... (decidir) entrar al museo: allí la .... (ver).

Alguien le .... (hablar) alguna vez de su sonrisa, pero al verla .... (pensar) estar ante la mujer más bella del mundo. Se .... (informar) y .... (leer) que .... (ser) pintada en Italia entre 1503 y 1506, pero en el siglo XVI la .... (llevar, ellos) al Louvre. De allí la .... (robar, ellos) en 1911, pero .... (poder, ella) ser recuperada. En 2005 la .... (poner, ellos) en una vitrina antibalas en una sala especial. Es el cuadro más famoso que existe. Parece ser que su sonrisa se debe a la suma de varias emociones: el 83% a la felicidad, el 9% es sentimiento de disgusto, el 6% de miedo y el 2% de enojo.

¿Qué cuadro le impresionó tanto?

....

c.

Matt Groening creó a ▮▮▮▮▮▮▮ en 15 minutos, en el hall de una oficina.

La historia de esta singular familia .... (empezar) el día en el que un joven torpe .... (pedir) matrimonio a una joven alta de pelo azul. Por alguna extraña razón, ella lo .... (aceptar). .... (Casarse, ellos) en Las Vegas y, poco después, el marido .... (entrar) a trabajar en la Central Nuclear de Springfield, como inspector de seguridad. .... (Tener, ellos) su primer hijo un 28 diciembre, un niño malo y travieso desde el momento en que .... (nacer). El matrimonio .... (celebrar) su segundo aniversario en las cataratas del Niágara y cuando .... (ir, ellos) a verlas, el hombre .... (caerse) en ellas; .... (estar) perdido varios días. .... (Tener, ellos) otra hija, muy lista y filosófica, que .... (aficionarse) al saxo. Cuando Snowball, el

trece • **13**

gato de la familia, ... (morir), todos .... (ponerse) muy tristes, y .... (estar) así hasta que .... (venir) al mundo la última hija; la .... (llamar, ellos) Maggie.
Esta es, a grandes rasgos, la historia de una familia que se .... (hacer) famosa en una serie en televisión.

¿De qué serie estamos hablando?
....

Leonardo Da Vinci

2.4. Las siguientes personas nos han dado varios datos sobre su vida, pero algunas partes de las frases se han mezclado. Completa los espacios en blanco de cada uno de ellos con las frases que tienes debajo: fíjate en si habla un hombre o una mujer, en las referencias temporales, en los datos que nos dan las imágenes… Todos los verbos debes escribirlos en la primera persona del pretérito indefinido.

.... hace 41 años.
Tras 4 años de matrimonio ....

.... durante un tiempo.

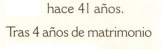 desde 1980 hasta el año pasado.

.... el año pasado.
La semana pasada ....
Antes de empezar la universidad ....

.... y al cabo de 2 años me divorcié.

.... hasta el año pasado, fecha en la que murió.

.... a principios de los 80.

(Empezar) la carrera de Periodismo.
(Tener) mi primer hijo.
(Casarse) muy joven y…
(Hacerse) nadador profesional.
(Tener) un examen bastante duro.

(Querer) viajar por Europa durante un año.
Cuando *(tener)* a mi segundo hijo, *(decidir)* estar sin trabajar.
(Estar) casado con mi segunda mujer.
(Trabajar) en un bufete de abogados.
(Nacer)

2.5. Personajes misteriosos. Completa las siguientes biografías con la forma adecuada del pretérito indefinido de los verbos entre paréntesis. ¿Puedes adivinar de qué personajes se trata? Si no lo sabes, puedes investigar en Internet.

a

.... *(Ser)* explorador y .... *(nacer)* en Venecia. Su padre y su tío se dedicaban al comercio y por eso él .... *(realizar)* muchos viajes. En uno de estos viajes .... *(llegar)* hasta China y se .... *(instalarse)* allí bajo las órdenes de Kublai Khan. Mientras .... *(estar)* allí .... *(trabajar)* como gobernador de una ciudad y diplomático, y .... *(aprender)* muchas costumbres y conocimientos de la cultura china. Cuando .... *(regresar)* a Venecia y .... *(contar)* sus aventuras la gente no le .... *(creer)* y .... *(tener)* que enseñarles sus riquezas.

> ¿Quién es este personaje misterioso?
>
> ....

b

.... *(Nacer)* en Sevilla en 1875. .... *(Ser)* el segundo de cinco hermanos de una familia liberal y de intelectuales. .... *(Estudiar)* en un instituto de Madrid y en aquella época .... *(aficionarse)* al teatro. .... *(Interrumpir)* varias veces sus estudios porque su familia .... *(tener)* problemas económicos cuando .... *(morir)* su padre de tuberculosis. En 1899 .... *(trasladarse)* a París, donde .... *(trabajar)* como traductor y .... *(asistir)* a clases de Filosofía. .... *(Regresar)* a España y .... *(trabajar)* como actor. A partir de 1907 .... *(publicar)* sus primeras obras y .... *(conocer)* al amor de su vida, Leonor Izquierdo, a quien .... *(dedicar)* muchos poemas. A finales de la Guerra Civil .... *(exiliarse)* a Francia, donde .... *(fallecer)* al mes de cruzar la frontera.

> ¿Quién es este personaje misterioso?
>
> ....

c

.... *(Nacer)* en Polonia y .... *(casarse)* con Pierre, que era francés. .... *(Tener)* dos hijas: Ève e Irène. Los dos .... *(ser)* químicos, ... *(trabajar)* juntos y .... *(colaborar)* en sus investigaciones.
Sus estudios .... *(centrarse)* sobre todo en la radiactividad y en 1903 .... *(recibir)* el Premio Nobel de Física en reconocimiento a sus descubrimientos. A partir de entonces Marie .... *(concentrarse)* en la obtención de algunos elementos radiactivos, mientras que su marido .... *(estudiar)* las propiedades químicas, fisiológicas y luminosas de las emisiones radiactivas. Irène .... *(ayudar)* a su madre en sus investigaciones.

> ¿Quién es este personaje misterioso?
>
> ....

d

.... *(Nacer)* en Francia y eran hermanos. Su padre .... *(trabajar)* como pintor y después .... *(dedicarse)* a la fotografía. Los dos .... *(ayudar)* a su padre en el negocio. Allí .... *(desarrollar)* un nuevo método para la preparación de placas fotográficas. Más tarde .... *(inventar)* el cinematógrafo: la primera máquina que .... *(lograr)* proyectar imágenes. .... *(Ser)* todo un éxito.

> ¿Quiénes son estos personajes misteriosos?
>
> ....

quince • **15**

2.6. Completa el texto sobre la historia reciente de España con los verbos en pretérito indefinido.

UN POCO DE HISTORIA ESPAÑOLA

La Guerra Civil española *(empezar)* .... en 1936 y *(terminar)* .... en 1939. Franco, militar del bando nacional, *(proclamarse)* .... Jefe de Estado. La dictadura franquista *(durar)* .... casi cuarenta años, hasta la muerte de Franco el 20 de noviembre de 1975. Ese mismo año, Juan Carlos de Borbón *(ser)* .... nombrado Jefe del Estado.

Así se *(llegar)* .... al período conocido como la Transición. En diciembre de 1976 *(haber)* .... un referéndum para aprobar la reforma política.

En abril de 1977 *(legalizarse)* .... el PCE (Partido Comunista de España) y en junio el pueblo español *(votar)* .... por primera vez en unas elecciones. *(Ganar)* .... un partido político del centro que llamaba UCD. La Constitución *(aprobarse)* .... por referéndum en diciembre de 1978.

En las elecciones de marzo de 1979, el PSOE (Partido Socialista Obrero Español) *(convertirse)* .... en la segunda fuerza política del país. Pero ese año Adolfo Suárez *(ser)* .... reelegido Presidente del gobierno. No *(durar)* .... mucho tiempo, ya que en enero de 1981 *(dimitir)* .... a causa de una crisis del gobierno. Los militares *(intentar)* .... dar un golpe de estado, conocido como el 23 – F. *(Solucionarse)* .... sin problemas.

En octubre de 1982 *(convocarse)* .... nuevas elecciones y Felipe González *(ser)* .... elegido presidente. En mayo de 1986, después de un referéndum, España *(integrarse)* .... en la OTAN y en enero en la UE.

No *(haber)* .... elecciones hasta junio de 1986. Los socialistas *(ganar)* .... de nuevo, y también en las siguientes elecciones; hasta que en marzo de 1996 el PP (Partido Popular), un partido de derecha, *(conseguir)* .... la mayoría de los votos en las elecciones, por poca diferencia con el PSOE. Desde entonces, el presidente del gobierno *(ser)* .... José María Aznar, ya que *(volver)* .... a ganar las elecciones siguientes esta vez con mayoría.

En marzo de 2004 y en 2008, *(celebrarse)* .... las dos últimas elecciones ganadas por el PSOE, gobernando en España José Luis Rodríguez Zapatero.

2.7. Di el signo que se utiliza para cada caso y escríbelo en el ejemplo. ¡Atención! Puede haber más de una solución.

---

a. Para separar los elementos de una enumeración: Me encanta leer bailar pintar y viajar.

b. Para encerrar una aclaración: Mario el de la izquierda es mi hermano.

c. Para introducir una cita: Entonces dijo Me voy de la ciudad.

d. Para terminar de forma imprecisa: Pues   No sé qué voy a hacer.

e. Para marcar un título de un poema: El poema que escuchamos se llama Caminos.

f. Separa frases independientes pero con relación de significado: No voy a ir a la fiesta tengo que quedarme en casa.

2.8. Señala los dos signos que no son de puntuación.

signos de exclamación   tilde   comillas   paréntesis

dos puntos   punto y coma   corchetes   punto   guion   raya   puntos suspensivos

16 · dieciséis

Ejercicios

Unidad 3

3.1. Completa los verbos en pretérito perfecto e indefinido con las vocales que faltan.

a. Ha s...d....

b. Vin... ...r...n

c. ...d...ptó

d. Ha ...xpl...c...d...

e. Hemos h...bl...d...

f. Ll...g...r...n

g. Se r...pr...d...jo

h. ... ...m...ntó

i. Conv...rt... ...ron

j. Ha cont...d....

k. Ha d...ch....

l. Llev...r...n

m. Emp...z...r...n

n. D... ...ron

ñ. H...c... ...ron

3.2. Completa el texto con los verbos de la actividad anterior.

Hoy en la escuela **(1)** .... de hechos curiosos. **(2)** .... una clase muy interesante. El profesor nos **(3)** .... curiosidades sobre animales. Por ejemplo, nos **(4)** .... que las ratas no **(5)** .... a Europa hasta la Edad Media. **(6)** .... desde la India en los barcos que venían para comerciar. Este animal enseguida se **(7)** .... a su nuevo hábitat y **(8)** .... rapidísimamente. Años más tarde los europeos las **(9)** ...., de manera no intencionada, a América dentro de los barcos de los exploradores.

También nos **(10)** .... que las vacas **(11)** .... a considerarse sagradas en la India hacia el año 800 a.C. El motivo fue que la población **(12)** .... mucho y se **(13)** .... cuenta de que estaban acabando con la carne de vaca. Así que pensaron que sería mejor no matar a las vacas para producir más leche y así poder alimentar a más personas. Entonces **(14)** .... una prohibición de matar y comer carne de vaca. De esta manera las vacas se **(15)** .... en animales sagrados.

3.3. Completa la norma.

- Para hablar de acciones que ocurren en un periodo de tiempo no terminado o que tiene relación con el presente se usa el ....

- Para hablar de acciones del pasado que ocurren en un periodo de tiempo terminado y sin relación con el presente se usa el ....

diecisiete • **17**

3.4. Alejandra es un personaje secundario de la historia de España, tan secundario que nadie la conoce. Solamente sabemos de ella algunas cosas: tenemos una hoja de su diario con fecha 18 de febrero de 2000 y algunos documentos personales. Por eso sabemos que, además, fue un poco mentirosa.

a. Lee la hoja de su diario y completa el texto transformando los verbos en pretérito perfecto o pretérito indefinido, según corresponda.

> Hoy es mi cumpleaños: cumplo 40. Mi madre _____ (ser) la primera persona que me _____ (felicitar) esta mañana. Me _____ (llamar) por teléfono y me _____ (decir): "Hija, te haces mayor"; _____ (estar) deprimida todo el día. Ayer _____ (acostarse) muy pronto, pero _____ (tener) problemas para poderme dormir: _____ (estar) pensando en mi vida. ¿Qué _____ (hacer) hasta hoy? _____ (Casarse) hace 18 años, cuando _____ (cumplir) 22 años. _____ (Divorciarse) cinco años después y hasta ahora no _____ (volverse) a casar ni _____ (tener) hijos.
>
> El mes pasado _____ (ir) al cine y me _____ (encontrar) con Ana (una compañera de la universidad). _____ (Ir, nosotras) a tomar algo a un bar y _____ (recordar, nosotras) viejos tiempos, sobre todo el viaje de fin de carrera en 1983: _____ (estar, nosotras) en Italia, y ¡qué bien lo _____ (pasar, nosotras)! Desde entonces no _____ (hacer) mucho: _____ (empezar) a trabajar hace 16 años en un laboratorio y todavía sigo ahí. Muchas veces _____ (pensar) en cambiar, probar otra cosa, pero…
>
> Es verdad que me hago mayor: este mes _____ (ir) dos veces al médico y anteayer no _____ (poder) ir a trabajar: estuve en la cama con una gripe tremenda. Me gusta mucho montar en bici, pero esta semana no la _____ (coger) ni un solo día.
>
> Hoy es mi cumpleaños, pero nunca _____ (sentirse) tan triste.

b. Mira estos documentos y subraya en el diario anterior, las tres mentiras que hay.

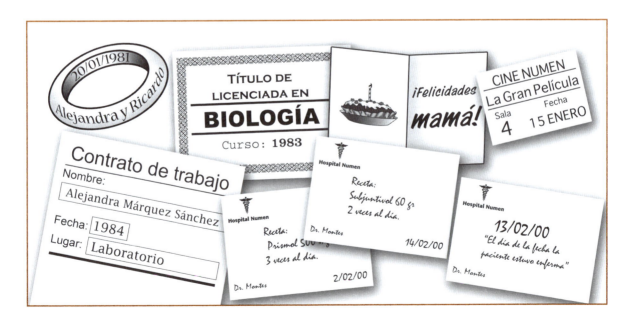

18 • dieciocho

3.5. Escribe los marcadores temporales del texto anterior debajo de la columna que corresponda.

Tiempo terminado	Tiempo no terminado	No se determina el tiempo: llega hasta el presente.

3.6. Estos son algunos fragmentos de las hojas de los diarios de la madre, la hija y el psicólogo de Alejandra. Léelos y completa los espacios en blanco con los verbos del siguiente cuadro. Elige pretérito perfecto o pretérito indefinido, según corresponda.

> escribir • dormir • llamar • pensar
> • ser • venir • felicitar • ir • oír

Su madre

Hoy es el cumpleaños de mi hija, la ....
.... por teléfono y la .... , pero estaba un poco rara. Creo que se está haciendo mayor. La semana pasada .... al médico dos veces.

Su hija

Hoy es el cumpleaños de mamá. Le ....
.... una nota de felicitación porque cuando me he levantado, estaba en la cama. Creo que anoche .... mal, la ....
levantarse varias veces.

Su psicólogo

Alejandra es una mujer compleja. Su vida .... normal, pero ella siempre .... que es un personaje importante. Falsea la realidad, por ejemplo anteayer cuando .... a la consulta, vestía de verano.

3.7. Completa con los pronombres indefinidos.

a. ¿Sabes si hay alguien en casa? He estado llamando a la puerta pero no abre ....

b. ► ¿Qué has hecho este fin de semana?
   ▷ La verdad es que no he hecho ....
      especial.

c. Si .... quiere venir conmigo a la playa, entonces voy a ir solo.

d. ► ¿Tienes .... para escribir?
   ▷ No, no tengo ....

e. ► ¿Has visto pasar a .... por aquí?
   ▷ No, no he visto a ....

f. ► ¿No llevas .... de dinero?
   ▷ Sí, llevo ...., pero no quiero gastarlo.

3.8. Di si los indefinidos marcados son adjetivos o pronombres.

a. ► ¿Hay *algún* restaurante por aquí cerca?
   _____adjetivo_____
   ▷ No, no hay *ninguno*.
   _____

b. En esta tienda hay *algunas* camisas muy bonitas.
   _____

c. Tengo *algunos* amigos muy divertidos.
   _____

d. No creo que *ninguna* película te guste.
   _____

e. ► ¿Va a venir *alguna* de tus amigas a la fiesta?
   _____
   ▷ No, *ninguna*.
   _____

diecinueve • **19**

3.9. Alberto ha escrito una carta a su amigo Luis, pero para que nadie pueda leerla ha ocultado algunas palabras. Para reconstruirla, tienes que leer las definiciones que tienes debajo señaladas con el mismo número que el espacio en blanco: sigue las instrucciones y escribe los verbos en pretérito perfecto o pretérito indefinido, según corresponda. Mira el ejemplo 1.

Querido Luis:

Perdona, pero no te ...... *he escrito* ...... (1) antes porque este mes .... (2) un poco .... (3) para mí. .... (4) varios .... (5), menos mal que ayer .... (6) el último. La semana pasada, además, ... (7) que entregar el trabajo sobre .... (8), y ya sabes que .... (9) es una obra muy interesante, pero muy larga. Por lo menos tengo una .... (10) noticia: esta mañana me .... (11) la nota del trabajo, ¡un .... (12)!

Pero, bueno, tengo que contarte más cosas. El viernes pasado .... (13) en una .... (14) en casa de Sandra por su cumpleaños, y ¿sabes a quién .... (15)? ¡A la chica que .... (16) hace 2 meses en la .... (17)! ¿Te acuerdas? Supongo que sí, porque este mes te .... (18) de ella varias veces. Pues, antes de irse me .... (19) su .... (20). Ya te contaré. Y tú, ¿ya .... (21) con Estefanía?

Por cierto, ¿todavía no .... (22) cuándo vais a venir? Tengo ganas de veros a ti y a tu .... (23).

Y ya me despido, prometo no tardar tanto en escribirte la próxima vez.

Un .... (24).

Alberto

1. Verbo: lo haces con un lápiz o un boli.

2. Verbo en tercera persona del singular: los estudiantes lo confunden con *estar*.

3. Adjetivo: lo contrario de *fácil*.

4. Verbo: se usa también para indicar posesión. Por ejemplo: .... dos coches.

5. Test que haces para probar tus conocimientos sobre una asignatura. En plural.

6. Verbo que empieza con la letra *h*.

7. El mismo verbo que en 4.

8. Escritor español cuya biografía has estudiado en la unidad 2.

9. La obra literaria más importante del escritor de 8.

10. Adjetivo femenino: lo contrario de *mala*.

11. Verbo que significa hablar. Su participio es irregular y empieza con la letra *d*.

12. El número que va después del siete.

13. Verbo en primera persona del plural. No es el verbo *ser*, es el otro.

14. Sustantivo. Normalmente en ella se baila, se come, se bebe.

15. Verbo. Es una acción que se hace con los ojos.

16. Verbo. Cuando ves por primera vez a una persona.

17. Lugar silencioso con muchos libros al que se va a estudiar.

18. Verbo. Es una acción que se hace con la boca y se necesita la voz.

19. Verbo. Es sinónimo de entregar, empieza con la letra *d*, tiene tres letras y es de los verbos que terminan en –*ar*.

20. Teléfono que puedes llevar a todas partes.

21. Verbo que se usa para concertar o concretar una cita con alguien.

22. Es un verbo y el sustantivo es *decisión*.

23. Relación familiar: el hijo de tu padre, es tu ....

24. Forma coloquial de despedirse en una carta. En persona: se da con los brazos.

3.10. Vamos a conocer algunos hechos insólitos relacionados con el mundo del deporte.

a. Escribe al lado de la imagen, el deporte al que hace referencia y, después, completa las preguntas utilizando los verbos de la caja. Elige la forma del pretérito perfecto o del pretérito indefinido, según corresponda.

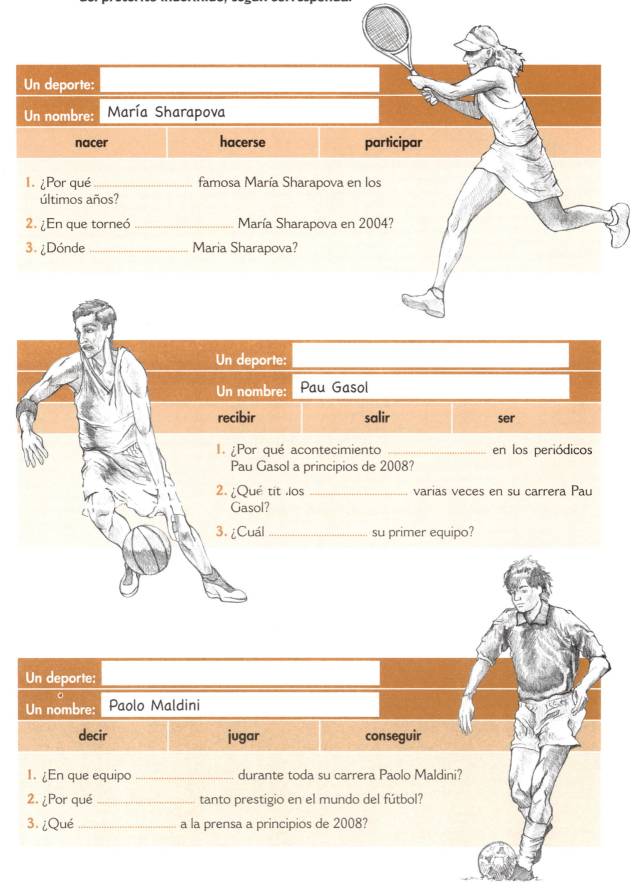

Un deporte:	
Un nombre:	María Sharapova

nacer	hacerse	participar

1. ¿Por qué .... famosa María Sharapova en los últimos años?
2. ¿En que torneó .... María Sharapova en 2004?
3. ¿Dónde .... Maria Sharapova?

Un deporte:	
Un nombre:	Pau Gasol

recibir	salir	ser

1. ¿Por qué acontecimiento .... en los periódicos Pau Gasol a principios de 2008?
2. ¿Qué títulos .... varias veces en su carrera Pau Gasol?
3. ¿Cuál .... su primer equipo?

Un deporte:	
Un nombre:	Paolo Maldini

decir	jugar	conseguir

1. ¿En que equipo .... durante toda su carrera Paolo Maldini?
2. ¿Por qué .... tanto prestigio en el mundo del fútbol?
3. ¿Qué .... a la prensa a principios de 2008?

veintiuno • **21**

b. **La respuesta a las anteriores preguntas las tienes en los siguientes textos. Léelos, ordena las palabras que están entre paréntesis transformando el verbo en pretérito perfecto o pretérito indefinido, según corresponda.**

Maria Sharapova es la tenista rusa que con solo 17 años *(prestigioso/Wimbeldon/el/ganar/torneo/de)* .... en 2004. Y además de ser una auténtica profesional en la pista, *(como/posar/en/revistas/modelo/varias)* .... este año.

Pau Gasol Sáez es el jugador español que *(ingresar/Los/en/Lackers/de/Ángeles/la/NBA)* .... en 2008, y a lo largo de su carrera *(varias/conseguir/como/nominaciones/mejor)* .... Jugador Nacional de la Jornada. En la temporada 1997-98, con 16 años, Gasol *(FC Barcelona/el/ingresar/en)* .... y el equipo *(el/España/Junior./ganar/de/campeonato)* ....

Paolo Maldini, italiano, es el futbolista que *(más/jugar/partidos/y/Europa/Copas/de)* .... en la historia del fútbol. Es considerado uno de los defensas más limpios, ya que, en más de 20 años, solo le han expulsado dos veces. El año pasado *(su/comunicar/la/a/retirada./prensa)* ....
Siempre *(al/mismo/pertenecer/club/fútbol/de)* ....: el AC Milán.

3.11. **Completa el siguiente texto con la forma adecuada del pretérito indefinido o el pretérito perfecto de los verbos entre paréntesis.**

Inventos que son fruto del azar

La pólvora, el neumático, el pósit, el plástico… son objetos con una curiosa historia detrás. Algunos .... *(nacer)* por el fracaso de proyectos originales.

Aunque se ignora quién .... *(inventar)* la pólvora, la leyenda cuenta que .... *(ser)* un alquimista chino que en el siglo IX buscaba el elixir de la eterna juventud. Pero .... *(equivocarse)* en sus cálculos y así .... *(surgir)* la pólvora, por azar y gracias a un error de su creador. No .... *(ser)* el único.

Otro ejemplo es el del pósit, esas celebres notas amarillas que .... *(cambiar)* la fisonomía de las oficinas de todo el mundo. Estos papelitos, que ya .... *(cumplir)* más de 30 años, ... *(nacer)* como el sonoro fracaso de un tal Spencer Silver, que .... *(querer)* inventar un nuevo pegamento. Años después, su compañero de trabajo Arthur Fry, estando en la iglesia con su libro de coros, ... *(pensar)* que aquel adhesivo podría servir como marcapáginas. Así .... *(nacer)* el pósit.

Los años cincuenta fueron los padres del plástico. Los investigadores Paul Hogan y Robert Banks .... *(tratar)* de fabricar un combustible de alto octanaje a partir de propileno, pero en lugar de obtener un líquido, ... *(conseguir)* una sustancia viscosa y versátil. A partir de ahí se desarrolló el plástico.

Un siglo antes, Charles Goodyear .... *(tirar)* un trozo de goma al fuego y esta .... *(convertirse)* en un material maleable. Así este hombre .... *(descubrir)* el proceso de vulcanización y .... *(crear)* el imperio de los neumáticos que llevan su nombre, el cual se .... *(mantener)* hasta nuestros días.

Cuatro siglos antes de tan sensacional invento, una serie de casualidades .... *(dar)* lugar a un ingenio no menos fenomenal: el microscopio. El artífice .... *(ser)* el óptico holandés Zacharias Janssen, al que, en algún momento entre 1590 y 1600, se le .... *(ocurrir)* la genial idea de superponer varias lentes en un tubo. Con ese primer aparato apenas se .... *(lograr)* aumentar la imagen diez veces, mientras que los actuales microscopios .... *(conseguir)* ampliar el objeto unos cien millones de veces. Y lo que está por llegar… quién sabe si quizá también por casualidad.

Adaptado de *www.20minutos.es/noticia/59945/0/ Inventos/fruto/azar/*

22 • veintidós

3.12. Completa estas adivinanzas con la forma adecuada del pretérito perfecto o del indefinido y relaciónalas con las fotos.

1
- Se .... *(inventar)* en 1901.
- Para muchas personas .... *(ser)* el mejor invento de la historia.
- En Estados Unidos .... *(empezarse)* a comercializar en los años 20.
- En Europa no se .... *(popularizar)* hasta después de la Segunda Guerra Mundial.
- Hoy en día es algo básico en una casa.

2
- Se .... *(crear, él)* en 1963 y no se .... *(tardar)* más de 10 minutos en hacerlo.
- A su creador le .... *(pagar)* 45 dólares por hacerlo.
- Como nunca lo .... *(patentar)*, aunque se .... *(vender)* millones, su creador nunca .... *(beneficiarse)* de su ingenio.

3
- Los primeros .... *(ser)* creados en Japón en 1979.
- .... *(Significar, él)* un gran cambio en la vida de la gente.
- En España se .... *(popularizar, él)* en los 90.
- Poco a poco .... *(sustituir, él)* al de casa.

4
- .... *(Empezar, él)* a venderse en 2001.
- .... *(Venderse)* más de 100 millones.
- Cuando en el año 2000 .... *(ir, ellos)* a patentar su nombre, ... *(ver, ellos)* que ya estaba en uso. Por suerte, en 2001 .... *(caducar)* la patente del otro producto y .... *(poder, ellos)* usarlo.

5
- .... *(Ser, él)* creado en 1946 por un ingeniero en Estados Unidos.
- .... *(Llegar, él)* a las casas a finales de los años setenta.
- Aunque .... *(cuestionarse)* mucho su uso y se .... *(decir)* que puede ser perjudicial para la salud, en casi todas las casas hay uno.

6
- El roquero Daisuke Inoue lo .... *(inventar)* en 1971.
- Su inventor nunca lo .... *(patentar)*, así que se calcula que .... *(dejar)* de ganar unos 150 millones de dólares.
- Se .... *(ponerse, él)* muy de moda en los 90.

a.   b.   c.   d.   e.   f.

veintitrés • **23**

3.13. **a. Rescribe el siguiente texto sobre la invención del cine usando mayúsculas donde sea necesario.**

a. el 28 de diciembre de 1895 nacía para el público el cinematógrafo. ese día, en el café capucines de parís los hermanos lumière proyectaron *la salida de la fábrica*, una de las películas del largo centenar que habían rodado y que habían visto, hasta entonces, solo los familiares y amigos.

....
....
....

b. no hubo mucho público en el café: solo 35 espectadores, pero fue tal éxito que el resto de los días se llenó la sala. todo parís hablaba de aquel invento maravilloso. la primera película española apareció un año después: *salida de misa de doce de la iglesia del pilar de zaragoza*, de eduardo jimeno.

....
....
....
....

c. a pesar del éxito, las cintas de los lumière no eran nada apasionantes, como se aprecia en sus títulos: *riña de chicos*, *la crianza*, *partida de naipes*, *el mar*, *la demolición de un muro*, *el herrero*… escenas de la vida cotidiana presentadas como un documental, pero aquello suponía todo un espectáculo: era la fotografía en movimiento. el corto que más impacto causó fue *la llegada del tren*, que parecía que la enorme máquina de hierro se iba a salir de la pantalla y atropellar a todos.

....
....
....
....
....
....

(Adaptado de *Aula* de *El Mundo*)

b. Responde verdadero (V) o falso (F) a las siguientes afirmaciones respecto al texto.

	V	F
1. La primera película de cine se proyectó en un teatro.		
2. No hubo mucho público en la proyección de la primera película.		
3. La proyección de la primera película fue un éxito.		
4. Las primeras películas tenían guiones muy elaborados.		
5. *La llegada del tren* asustó al público por su realismo.		

Ejercicios

Unidad 4

4.1. Completa el crucigrama con la forma adecuada del pretérito indefinido, del imperfecto y del participio.

HORIZONTAL

1. Poder *(yo, indefinido)*
2. Ver *(participio)*
3. Pensar *(nosotros, imperfecto)*
4. Hacer *(participio)*
5. Abrir *(participio)*
6. Repetir *(él, indefinido)*
7. Oír *(él, imperfecto)*
8. Poner *(participio)*
9. Romper *(participio)*
10. Querer *(vosotros, indefinido)*
11. Venir *(tú, indefinido)*

VERTICAL

1. Volver *(participio)*
2. Traer *(yo, indefinido)*
3. Pedir *(ellos, indefinido)*
4. Decir *(participio)*
5. Poner *(yo, indefinido)*
6. Oír *(ellos, indefinido)*
7. Ir *(yo, indefinido)*
8. Decir *(nosotros, indefinido)*
9. Hablar *(ellos, imperfecto)*
10. Mirar *(vosotros, imperfecto)*
11. Ver *(yo, indefinido)*
12. Salir *(tú, imperfecto)*

4.2. Indica cuál de las siguientes frases definen los usos del pretérito perfecto (P), del indefinido (IN) y del imperfecto (IM).

a. Hablar de acciones del pasado que han ocurrido en un periodo de tiempo ya terminado. .... ___

b. Hablar de acciones que tienen relación con el presente. .... ___

c. Hablar de acciones del pasado pero que han ocurrido en un tiempo no terminado. .... ___

d. Describir en el pasado. .... ___

e. Hablar de acciones habituales en el pasado. .... ___

f. Hablar de las circunstancias en las que se desarrollan las acciones. .... ___

g. Dentro de una narración, hablar de acciones. .... ___

h. Hablar de una acción en desarrollo en el pasado interrumpida por otra acción. .... ___

veinticinco • **25**

4.3. Los jíbaros, un pueblo indígena del este de Ecuador, cuentan la siguiente leyenda para explicar la aparición del fuego. Ordena los fragmentos para formar la leyenda.

	El pájaro de fuego
a.	Ellos salieron corriendo de sus casas y al ver la maravilla cada uno cogió una parte del fuego y se la llevó a su casa.
b.	Lo acercó a las llamas: el colibrí sacudía las alitas en la ceniza caliente.
c.	Tampoco podían alumbrarse por las noches.
d.	Una vez su mujer fue a una huerta a recoger patatas.
e.	La mujer se compadeció del pajarito y se lo llevó a casa con la intención de calentarlo.
f.	Pronto pudo ponerse en pie y sin querer prendió su cola y se echó a volar.
g.	Cuenta la leyenda que hace muchos años los jíbaros no tenían fuego y comían los alimentos crudos.
h.	Es por ello que el colibrí tiene en la cola un destello de fuego.
i.	Pero había un hombre que sí tenía fuego, no se sabe cómo. Se llamaba Taquea.
j.	El colibrí se posó en un tronco de un árbol y allí dejó el fuego para los jíbaros.
k.	Así comenzaron a cocinar los alimentos, a alumbrarse por la noche y a contar historias alrededor de un fuego.
l.	De regreso encontró un colibrí inmóvil sobre el camino, estaba mojado y no podía volar para conseguir su alimento.

Adaptado de una leyenda jíbara (Ecuador)

4.4. Reescribe las siguientes frases usando el verbo *soler* + infinitivo.

a. Cuando eras pequeño, ibas de vacaciones a la playa con tu familia.
Cuando eras pequeño, solías ir a la playa de vacaciones con tu familia.

b. Antes de casarse, Alberto vivía solo.
....
....

c. Antiguamente las mujeres no trabajaban fuera de casa.
....
....

d. Hace 30 años las familias comían siempre juntas.
....
....

e. Cuando estaba en la escuela me levantaba muy temprano todos los días.
....
....

f. El año pasado leíamos el periódico todas las mañanas.
....
....

g. El verano pasado salíais de fiesta todos los días.
....
....

h. Cuando mi madre era más joven, tocaba el piano.
....
....

i. El mes pasado Juanjo iba al gimnasio todos los días.
....
....

j. Cuando iba a la playa, me bañaba en el mar.
....
....

4.5. **Las siguientes frases cuentan algunos comportamientos: tenemos los hechos y las circunstancias.**

a. Relaciona las dos partes de la frase para conocer los hechos.

1. Esta mañana Jaime me *(invitar)* a desayunar…

2. Esta semana Alicia y Gaspar *(llegar)*…

3. El domingo pasado no *(ir, nosotros)* a la excursión, *(quedarse, nosotros)* en casa y,…

4. El sábado Pablo y yo *(cenar)*…

5. Ayer no *(poder, nosotros)* entrar al cine…

6. Ayer *(recibir, yo)* un correo de Patricia…

7. El verano pasado no *(tener, yo)* vacaciones,…

8. Todavía no *(ver, yo)* la exposición de Modigliani.

9. Este mes le *(llamar, tú)* varias veces y

a. … pero yo no la *(contestar)*.

b. … *(alquilar, nosotros)* un DVD.

c. … y *(enfadarse, él)* con el camarero.

d. Ayer *(intentar, yo)* de nuevo verla, pero tampoco *(poder)*.

e. *(llegar, nosotros)* a la taquilla una hora antes, pero …

f. … *(quedarme)* en la oficina.

g. … tarde tres veces al instituto.

h. no *(contestar, él)* a tus llamadas.

i. … en un restaurante muy bonito.

1	2	3	4	5	6	7	8	9

b. Estas son las circunstancias que completan las frases anteriores. Relaciónalas y escribe las frases completas transformando los verbos en el pasado correspondiente.

Su madre *(estar)* enferma.

> *Esta semana Alicia y Gaspar han llegado tarde tres veces al instituto. Su madre estaba enferma.*

El ordenador no *(funcionar)* bien.

(Tener) mucho trabajo.

Su móvil *(estar)* roto.

(Haber) mucha gente.

El café *(estar)* frío.

(Hacer) muy mal tiempo.

…no *(haber)* entradas.

(Ser) nuestro aniversario.

veintisiete • **27**

4.6. Vamos a escribir una historia, pero primero, completa el siguiente cuadro.

a. Fíjate en el ejemplo y escribe tú otro.

1.	Un adjetivo: *aburrido,*	**9.**	Una bebida que te gusta mucho, en plural: *cafés,* ....
2.	La estación del año que te gusta más: *verano,*	**10.**	Un adjetivo para describir un estado de ánimo. En masculino si eres un chico, en femenino si eres una chica: *nerviosa,* ....
3.	¿Qué prefieres: **a)** buen tiempo. **b)** mal tiempo.	**11.**	El nombre de una persona que no te gusta: *María,* ....
4.	Un lugar: *mi casa,*	**12.**	Otra frase que repites mucho (en español): *¡No me lo podía creer!,* ....
5.	El nombre de una persona que te gusta: *Carlos,*	**13.**	Elige: **a)** bolsa. **b)** carta.
6.	Un adjetivo referido a la persona que has escrito en 5: *guapo,*	**14.**	Un color: *azul,* ....
7.	Una actividad que te gusta mucho hacer: *ir al cine,*	**15.**	Otro adjetivo para describir un estado de ánimo: *enfadado,* ....
8.	Una frase que repites mucho (en español): *¡Qué suerte!,*		

b. La siguiente historia tiene errores: léela y subraya los verbos en pasado que están usados incorrectamente.

Era un día muy **aburrido**, estuvimos en **verano** y hacía **calor**. Iba a **mi casa** y me encontraba con **Carlos**, estuvo muy **guapo**. Nos saludamos y me invitaba a **ir al cine**. **¡Qué suerte!**, pensé. Después, íbamos a un bar. Había mucha gente, pero podíamos sentarnos en una mesa. Pedíamos solamente dos **cafés**, pero la camarera tardaba mucho… yo estuve un poco **nerviosa**, no sabía qué decir… y de repente aparecía **María. ¡No me lo podía creer!** Venía con una **caja** en la mano, creo, no se vio muy bien; pero fue **azul**. Carlos vio la **caja**, me miró y se levantaba. Estaba **enfadado** y se iba. No entendí nada, hasta que sonaba el despertador y me desperté.

c. Ahora: personaliza tu historia. Reescribe el texto sustituyendo las palabras resaltadas por las que tú has escrito en la actividad a. y corrigiendo los verbos que has señalado.

....
....
....
....
....
....
....
....
....
....
....
....

4.7. Vamos a conocer dos historias de amor muy conocidos en España.

Historia 1
Los protagonistas:

Alfonso XII (1857-1885). Rey de España en el periodo 1874-1885. Hijo de Isabel II.

María de las Mercedes (1860-1878). Infanta de España. Hija de la hermana de Isabel II y del duque de Montpensier (hijo del rey de Francia).

La historia:

Solo una de las siguientes opciones es verdadera: la que es correcta gramaticalmente. Marca con un círculo las frases correctas y conocerás la historia entre Alfonso XII y Mercedes.

Alfonso y Mercedes
- ☐ **a)** se conocieron en una reunión familiar.
- ☐ **b)** se conocían en la boda de la hermana de Alfonso.

La reina Isabel II
- ☐ **a)** daba un discurso político porque quiso dar la enhorabuena a los novios.
- ☐ **b)** dio una fiesta porque quería mostrar a los españoles que eran una familia real unida.

Alfonso y Mercedes
- ☐ **a)** se enamoraron desde el momento en que se vieron. La infanta era una mujer bellísima.
- ☐ **b)** ese día no se gustaban mucho. La infanta fue demasiado joven.

Cuando la reina Isabel se enteró de la noticia,
- ☐ **a)** se enfadó muchísimo porque el padre de Mercedes, el duque de Montpensier, era un conspirador.
- ☐ **b)** se alegraba muchísimo porque así conseguía buenas relaciones con el padre de Mercedes, el duque de Montpensier.

Sin embargo, la reina Isabel
- ☐ **a)** prohibía la relación, pero los jóvenes empezaban una relación por correspondencia: se mandaron cartas diariamente.
- ☐ **b)** no pudo hacer nada para evitarlo. Los jóvenes empezaron una relación por correspondencia: se mandaban cartas diariamente.

Hasta que finalmente, la Casa Real
- ☐ **a)** anunció la boda y se casaron, por amor, el 23 de enero de 1878.
- ☐ **b)** anunciaba la boda, pero Mercedes moría días antes de la ceremonia.

El final:

Mientras el rey Alfonso luchaba en la guerra, Mercedes
- ☐ **a)** empezó a enfermar: estaba muy delgada y pálida. Los médicos le diagnosticaron tuberculosis.
- ☐ **b)** se desmayaba varias veces: estuvo embarazada.

El 27 de junio de 1878 Mercedes
- ☐ **a)** tuvo su primer hijo que le causaba su muerte. Tuvo solamente 18 años.
- ☐ **b)** murió a causa de su enfermedad. Tenía solamente 18 años.

Historia 2
Los protagonistas:

Felipe (1968). Príncipe de España. Hijo de Juan Carlos I y Doña Sofía.

Letizia (1972). Futura reina de España. Hija de una enfermera y un periodista.

La historia:

Solo una de las siguientes opciones es verdadera: la que es correcta gramaticalmente. Marca con un círculo las frases correctas y conocerás la historia entre Felipe y Letizia.

Don Felipe y Letizia
- ☐ **a)** se conocieron a mediados de 2002. Estaban en una cena en casa del periodista Pedro Erquizia.
- ☐ **b)** se conocían a mediados de 2002. Estuvieron en el estudio de televisión donde Letizia trabajó.

veintinueve • **29**

En la entrega de los premios Príncipe de Asturias
- ☐ a) se iban juntos cuando terminaba el acontecimiento.
- ☐ b) se volvieron a ver. Ella estaba cubriendo la noticia.

En la primavera de 2003
- ☐ a) la prensa se enteraba y dejaban de verse.
- ☐ b) la relación se consolidó y las vacaciones de verano las pasaron juntos.

A partir de ese momento, la relación entre ellos estaba clara y
- ☐ a) continuaron viéndose en casa de amigos íntimos de don Felipe. Se citaban en secreto en Madrid y en Barcelona.
- ☐ b) el príncipe la llamaba y la pidió en matrimonio, pero ella no estuvo segura y rechazaba la petición.

Finalmente, la Casa Real el 1 de noviembre de 2003
- ☐ a) anunció el compromiso: fue una gran sorpresa para los españoles. Nadie sabía nada.
- ☐ b) contestaba a las preguntas de los periodistas y negaba la relación.

Letizia era una mujer que no pertenecía a la realeza y
- ☐ a) la población española reaccionó bien ante la noticia y aceptó la relación. Era una boda por amor.
- ☐ b) la población española rechazaba la relación, quiso una reina con tradición.

El 22 de mayo de 2004
- ☐ a) se casaron en la catedral de La Almudena de Madrid. Había 1400 invitados.
- ☐ b) tenían problemas con la reina y comunicaban a la prensa una separación temporal.

4.8. Estas imágenes representan las razones por las que se piden disculpas en los siguientes diálogos.

Situación: A

Situación: B

Situación: C

1.º Sustituye, en los diálogos, los dibujos por las palabras correspondientes.

2.º Completa los espacios en blanco: elige el verbo de los cuadros y transfórmalo al tiempo del pasado correspondiente.

3.º Identifica la situación que representa la razón por la que piden disculpas. Escribe la letra de la situación en el espacio en blanco.

1. Situación: ☐

oír • tener • llamar • estar • levantarse • poner

▶ Perdona, pero es que he tenido un día tremendo. Primero: esta mañana no .... el ⏰ ...., y ya me .... 15 minutos más tarde. Después, en el instituto, la profesora .... un 📄 .... sorpresa. En mi casa, mi madre me ha llamado para decirme que .... que quedarse a trabajar hasta más tarde, y he tenido que ir a recoger a mi 👧 .... al colegio. Y he estado con ella hasta que ha vuelto mi madre de trabajar.

Te .... al ...., pero

.... sin cobertura.

▷ No pasa nada, no te preocupes. Relájate.

2. Situación: ☐

| dejar · venir · empezar |

► Lo siento, pero es que ayer por la tarde

.... mis primos a ....

y el pequeño se enfadó porque no le

.... entrar a nuestra

.... a gritar y le abrimos

la ....: cuando entró, cogió el

CD y lo pisó.

▷ Bueno, vale, pero la próxima vez ten más

cuidado.

3. Situación: ☐

| estar · quedar · ser |

► ¡Ay! Perdona, pero .... sin querer.

Es que tengo un poco de prisa: ....

a las .... y ya son casi.

.... tan concentrado terminando

este .... que no me he dado

cuenta de la hora.

▷ No ha sido nada. Ya lo recojo.

4.9. **La primera vez que… Las frases de la izquierda pertenecen a dos historias** (*La primera vez que cogí un avión* y *La primera vez que fui a un concierto*).

a. Lee las frases y clasifícalas en la historia correspondiente.

a. Ir con la pandilla de amigos.

b. Tener diez años.

c. Ser hace mucho tiempo, yo tener 16 años.

d. Pero ¡qué desilusión! Parecerme igual que ir en autobús.

e. Ser inolvidable.

f. Ser un viaje a Londres.

g. Ir con mis padres y yo estar muy nerviosa.

h. Ir a ver a Miguel Ríos.

i. Esa mañana despertarme muy pronto y ducharme, vestirme y desayunar, todo muy deprisa. Mis padres estar sorprendidos.

j. Ser un concierto de rock.

k. Pero yo querer llegar lo más pronto posible al aeropuerto.

l. Y coger el avión.

m. Ir todos, unos doce o así.

La primera vez que cogí un avión.

La primera vez que fui a un concierto.

b. Con las frases anteriores escribe las dos historias transformando los verbos en el pasado correspondiente. Ten en cuenta que no hay un orden único.

La primera vez que cogí un avión ....
....
....
....
....
....
....
....

La primera vez que fui a un concierto ......
....
....
....
....
....

Ejercicios

Unidad 5

5.1. Completa el siguiente cuadro con las formas del futuro imperfecto de los siguientes verbos, y señala las formas irregulares con una (X) al lado del infinitivo. ¡No te olvides de los acentos!

	VIAJAR ■	PODER ■	COMER ■	SALIR ■	IR ■	DECIR ■
Yo	viajaré					
Tú			comerás			
Él/ella/usted					irá	
Nosotros/as		podremos				
Vosotros/as				saldréis		
Ellos/ellas/ustedes						dirán

5.2. Completa el crucigrama con la forma adecuada del futuro imperfecto. ¡No te olvides de los acentos!

HORIZONTALES

3. 3.ª persona plural PASAR
5. 2.ª persona plural HACER
8. 3.ª persona plural DECIR
9. 2.ª persona singular PONER
11. 2.ª persona singular QUERER
12. 1.ª persona plural TENER

VERTICALES

1. 1.ª persona singular VENIR
2. 3.ª persona singular CABER
4. 3.ª persona singular VALER
6. 3.ª persona singular SALIR
7. 1.ª persona plural PODER
10. 2.ª persona plural SALIR

32 · treinta y dos

5.3. **a. Relaciona los marcadores temporales en la columna A con las frases en la columna B.**

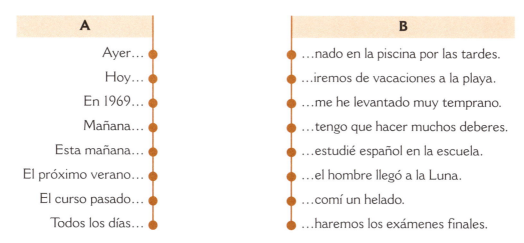

A	B
Ayer…	…nado en la piscina por las tardes.
Hoy…	…iremos de vacaciones a la playa.
En 1969…	…me he levantado muy temprano.
Mañana…	…tengo que hacer muchos deberes.
Esta mañana…	…estudié español en la escuela.
El próximo verano…	…el hombre llegó a la Luna.
El curso pasado…	…comí un helado.
Todos los días…	…haremos los exámenes finales.

b. Ahora selecciona cinco de los marcadores temporales y haz frases.

1. ....
2. ....
3. ....
4. ....
5. ....

5.4. **Jimena siempre ha tenido curiosidad por conocer lo que va a suceder. Un día decide ir a ver a una bruja para que le cuente cómo va a ser su futuro. Escribe frases completas para explicar las cosas que le dice la bruja… ¡Te sorprenderás! Usa los siguientes verbos.**

subir • enseñar • ser • cantar • ganar • aplaudir

a. *Enseñarás español en un colegio.*

b.

c.

d.

e.

f.

treinta y tres • **33**

5.5. El horóscopo. Jimena es muy aficionada a los horóscopos. El de hoy, dice esto. Completa los huecos con la forma adecuada del futuro imperfecto de los verbos entre paréntesis.

ARIES

AMOR. Razona con tu pareja, no quieras tener siempre razón. Ten un poco más de consideración y .... (ver) como todo cambia.

SUERTE. Tienes nuevos proyectos en tu vida. No dejes que nadie, ni nada, te los frene y lo .... (poder) conseguir.

TRABAJO Y DINERO. En el trabajo, tienes una persona cerca de ti que .... (poder) ayudarte en todo lo que le pidas, tranquilízate.

TAURO

AMOR. La relación con tu pareja .... (ser) muy buena, solo .... (tener) que dejar volar tu imaginación.

SUERTE. Si quieres romper con la monotonía solo tienes que poner un poco de tu parte. Llama a tus amigos.

TRABAJO Y DINERO. En el trabajo no .... (tener) la estabilidad que necesitas. Hay una persona en el trabajo a la que no le caes bien. Ten cuidado, puede jugarte una mala pasada.

GÉMINIS

AMOR. Si estás sin pareja, no te preocupes, ... (ser) por poco tiempo, ya que .... (llegar) una persona a tu vida, que te .... (volver) loco/a de amor.

SUERTE. No tengas ninguna duda, estás de suerte. Ponte tus mejores galas y sal a divertirte, tus admiradores/as .... (sorprenderse).

TRABAJO Y DINERO. .... (Llegar) un cambio muy importante en relación a tu economía, las cosas .... (mejorar) poco a poco, y tus ahorros .... (aumentar).

CÁNCER

AMOR. Sabes que no has tenido un buen comportamiento con tu pareja, y esto se paga. O modificas la situación o .... (ser) mejor que pongas fin a la relación.

SUERTE. .... (Ser) mejor que no pierdas el contacto con tu familia, sabes que ahora es cuando más te necesitan.

TRABAJO Y DINERO. El trabajo te preocupa en exceso, cuando en el fondo sabes que todo va perfectamente, procura tranquilizarte.

LEO

AMOR. Las discusiones con tu pareja .... (estar) a la orden del día, parece que no llegáis a poneros de acuerdo en nada. Intenta solucionarlo.

SUERTE. .... (Sentirse) decepcionado/a con todo, parece como si todos tus sueños estuvieran rotos. Levanta el ánimo y .... (ver) como todo cambia.

TRABAJO Y DINERO. En el trabajo todo lo .... (tener) en contra. .... (Ser) mejor que midas tus palabras antes de hablar, o podrías perjudicarte más de lo que imaginas.

VIRGO

AMOR. .... *(Sentirse)* radiante, el amor .... *(llamar)* a tu puerta y .... *(entrar)* como un vendaval. No dejes de vivirlo intensamente y habla con el corazón, tu chico/a te lo .... *(recompensar)*.

SUERTE. Si quieres tener armonía en casa, ... *(deber, tú)* colocar algunas flores, esto .... *(hacer)* que el ambiente sea más relajante.

TRABAJO Y DINERO. En el trabajo .... *(poder, tú)* decidir lo que quieres o no hacer. Si te proponen un negocio, no lo dejes pasar, tu economía .... *(mejorar)*.

LIBRA

AMOR. .... *(Vivir)* el amor intensamente, y esto es gracias a tu cambio de actitud.

SUERTE. La suerte no la .... *(tener)* de tu parte, los problemas de tu entorno te .... *(poner)* nervioso. Tranquilízate y piensa un poco en ti.

TRABAJO Y DINERO. Ten mucho cuidado, las cosas en el trabajo se pueden poner difíciles. Procura mantenerte al margen de peleas y conflictos.

ESCORPIO

AMOR. La relación con tu pareja es buena y estable, pero tú necesitas más. Pon en marcha tus dotes seductoras y .... *(volver)* a conquistar su corazón.

SUERTE. Diviértete todo lo que puedas, sal de compras, ve a reuniones, llama a tus amigos...

TRABAJO Y DINERO. Si quieres mejorar tu situación laboral, solo .... *(tener)* que proponerte ampliar tus estudios. No dejes pasar la oportunidad.

SAGITARIO

AMOR. Tu relación no puede ir mejor. No te asustes si te propone matrimonio, o convivencia. Es algo que tu chico/a lleva pensando desde hace tiempo. Decídete.

SUERTE. .... *(Tener)* la suerte de tu parte. Si te invitan a un viaje, no lo rechaces. Lo .... *(pasar, tú)* fenomenal.

TRABAJO Y DINERO. No dejes que ningún compañero te influya a la hora de tomar decisiones sobre tu trabajo, te .... *(confundir, ellos)*.

CAPRICORNIO

AMOR. .... *(Creer, tú)* que tu pareja está distante contigo. No te preocupes, es algo pasajero y no es por tu culpa.

SUERTE. No te preocupes por tus finanzas, y sal de compras. Esto te .... *(levantar)* el ánimo. Ponte algo amarillo, te .... *(dar)* suerte.

TRABAJO Y DINERO. Siempre has soñado con conseguir una estabilidad económica, pues ahora es el momento ideal para que disfrutes de ella. ¡Date el capricho que quieras!

ACUARIO

AMOR. .... *(Tener)* que dedicarle más tiempo a tu chico/a, se lo merece. Últimamente no le haces demasiado caso.

SUERTE. .... *(Conocer)* nuevos amigos que te .... *(hacer)* romper la rutina que llevas últimamente. Sal, diviértete y verás como tu estado anímico cambia.

TRABAJO Y DINERO. En el trabajo .... *(encontrar)* todo tipo de dificultades. Depende de ti ir superándolas como tú sabes. No te asustes.

treinta y cinco • **35**

PISCIS

AMOR. .... *(Tener)* en la cabeza a tu chico/a durante todo el día. Las dudas te .... *(atormentar)*. No te agobies, sabes que te quiere aunque le cueste trabajo demostrar su amor.

SUERTE. No te quedes en casa, necesitas un poco de diversión. Llama a tus amigos, y disfruta todo lo que puedas. Pon flores blancas en casa, te .... *(dar, ellas)* suerte.

TRABAJO Y DINERO. En el trabajo pueden surgir complicaciones que te .... *(hacer, ellas)* plantearte un cambio de trabajo. No te precipites al tomar una decisión.

(Adaptado de *www.elle.es*)

5.6. ¿Qué pasará? Observa estos dibujos y escribe frases completas para explicar lo que está pasando en cada uno de ellos y lo que va a pasar después. Usa la información que se da.

a.

Ahora (no recordar/día festivo).
El profesor no recuerda que hoy es un día festivo.

Después (ir/a casa).
El profesor irá a casa.

c.

Ahora (ser/demasiado alto).
_____

Después (conductor/deshinchar/las ruedas).
_____

b.

Ahora (estar/mal aparcado).
_____

Después (otro policía/tener que/pagar la multa).
_____

d.

Ahora (tener/quintillizos).
_____

Después (pedir ayuda/madre de Clara).
_____

5.7. Completa con las expresiones del recuadro.

prometido • te doy mi palabra • prometo • juro que • prometes

a. ▶ Carlos, ¡siempre llegas tarde a clase!
▷ Perdón, profesora, le .... que no volverá a pasar.

b. Jaime, no te enfades, te .... no te volveré a mentir.

c. ▶ ¿Me .... que te portarás bien?
▷ ....

d. ▶ María, ¿me dejas tu mp4, por favor?
▷ ¿Me prometes que lo cuidarás bien?
▶ ¡................!

36 • treinta y seis

5.8. Las predicciones de la bruja se han cumplido y Jimena está haciendo campaña electoral para ser presidenta del país en el año 2026. Aquí te presentamos el programa electoral de Jimena. Escribe frases completas con las promesas que hace Jimena.

PROGRAMA ELECTORAL

a. Subir los salarios.
b. Dar más vacaciones escolares.
c. Organizar más actividades culturales.
d. Hacer más centros deportivos.
e. Reducir las emisiones de gases contaminantes.
f. Plantar más árboles.
g. Mejorar el programa de reciclaje de basuras.
h. Regalar bicicletas a los estudiantes.
i. Construir más parques.
j. Crear accesos a Internet gratuitos.

a. *Si soy presidenta, subiré los salarios.*
b. _____
c. _____
d. _____
e. _____
f. _____
g. _____
h. _____
i. _____
j. _____

5.9. Conjuga los verbos y ordena las frases para explicar cómo viviremos en el año 2050.

a. aire./los/*volar (ellos)*/el/por/coches/Creo/que

b. *vestirse (nosotros)*/Supongo/raras./ropas/que/con

c. los/*tener (ellos)*/Creo/ estudiantes/todos/escuela./la/en/ordenadores/que

d. *Viajar (nosotros)*/velocidad/sonido./del/ la/a

e. guerras/*haber (impersonal)*/No/en/mundo./ el

f. hombre/que/*vivir (él)*/el/en/Luna./Creo/la

g. *Comer (nosotros)*/pastillas./en/alimentos

h. enfermedades/Me/las/todas/*tener (ellas)*/imagino/cura./una/que

i. *llevar (nosotros)*/con/que/gorros/integrados./Supongo/teléfonos móviles

j. coches/Los/*funcionar (ellos)*/agua./con

treinta y siete • **37**

5.10. **a. Lee el siguiente texto y completa las tildes que faltan.**

TU CONTROLAS EL
CAMBIO CLIMATICO
¡Comprometete!

Bruselas, 1 de agosto

Estimado estudiante:

El cambio climatico es un problema que afecta a todo el planeta. Quiza te has dado cuenta de que cada vez aparecen mas noticias sobre el calentamiento global y de que los lideres politicos de todo el mundo debaten sobre este tema con mas frecuencia.

Si no tomamos medidas contra el cambio climatico, el mundo en el que vivimos sera muy diferente en apenas unas decadas. Por lo general, el clima sera mas calido y algunas islas y zonas costeras desapareceran bajo el mar, cuyo nivel esta aumentando por el derretimiento del hielo polar. Habra mas tormentas, inundaciones, olas de calor y sequia; la escasez de agua y comida se extendera a muchas partes del mundo, y algunos animales y plantas, sensibles al clima, como los osos polares y los pingüinos, se extinguiran.

Esta en nuestras manos impedir que esto suceda, pero, para ello, es necesario que todas las personas, industrias y gobiernos del mundo se involucren en la lucha contra el cambio climatico. El clima esta cambiando debido, principalmente, a la forma en que producimos y utilizamos la energia que nos proporciona electricidad, calienta nuestros hogares, hace funcionar nuestras fabricas, pone en marcha nuestros coches y abastece de combustible los aviones que nos llevan a nuestros destinos de vacaciones. Cambiando estos habitos y utilizando la energia de manera mas responsable, podemos reducir las emisiones de CO_2 y de otros gases de efecto invernadero que provocan el cambio climatico.

La Comision Europea esta llevando a cabo una campaña a escala de la Union Europea para sensibilizar a la opinion publica sobre el cambio climatico y lo que podemos hacer para limitarlo. Es importante que estes informado sobre el cambio climatico ahora, porque, probablemente, sus efectos seran mas graves cuando crezcas.

El control del cambio climatico es uno de los desafios mas importantes a los que se enfrenta hoy la humanidad. ¡Esperamos que tu y tu centro escolar os unais a nosotros para hacerle frente ahora!

Atentamente,

Stavros Dimas
Comisario de Medioambiente

(Adaptado del folleto *Cambia. Recicla. Camina. Apaga. Baja. ¡Comprométete!* Editado por la Comisión Europea.)

b. Contesta las siguientes preguntas.

1. Según esta carta, ¿cómo cambiará el mundo en que vivimos si no tomamos medidas contra el cambio climático?

2. ¿Por qué está cambiando el clima?

3. ¿Cómo podemos detener el cambio climático?

5.11. **a. Ordena las letras para formar palabras que han aparecido en la Unidad 5 que acabas de estudiar.**

nlsoeciece	E						25		1	10
cedionuac	E			16						
rajatob	T	15		20						
atredro	D				3					
toiradp	P			9						
qeisua	2S									
tocvairi	V			12		24				
naicadtod	C						11			
ruan	U		14							
asdul	7S	18	17							
elctore	E		27	23		6				
tovo	19V									
pamcaña	C		13	4		22				
etenoimadmbie	5M								26	
macenlationet	21C									
heidosel	D				8					

b. Ahora copia las letras numeradas para descubrir el mensaje secreto.

| 1 | 2 | 3 | 4 | 5 | 6 | 7 | | 8 | 9 | 10 | 11 | 12 | 2 | | 13 | 14 | 15 | 16 | | 17 | 18 | 10 | | 19 | 20 | 21 | 22 | 23 | 24 | 25 | 26 | 27 | 10 |

treinta y nueve • **39**

Ejercicios

6.1. Ya sabes que en español cuando pedimos permiso, normalmente damos una explicación. En la columna de la izquierda tienes algunas frases para pedir permiso (pero algunas tienen errores gramaticales) y en la de la derecha la explicación. Relaciona el permiso con su explicación y subraya la incorrección gramatical.

Situación: *en la clase*

Permisos	Explicaciones
1. ¿Puedo <u>salgo</u> un poco antes?	a. Es que estoy esperando una llamada urgente.
2. ¿Puedo cambiarme de sitio?	b. Es que se me ha olvidado el mío.
3. ¿Le importa si dejar el móvil encendido?	c. Es que tengo que ir al médico.
4. ¿Te importa si abro la ventana?	d. Es que no veo muy bien la pizarra.
5. ¿Puedo te coger el diccionario?	e. Hace un poco de calor, ¿no?

1	2	3	4	5
c				

6.2. Escribe, corrigiendo las frases que son incorrectas, los anteriores permisos en el lugar correspondiente del siguiente cuadro, según la formalidad o no de la relación. Ten en cuenta que algunas pueden ir en dos lugares.

Situación	Interacción		
	profesor - alumno **Relación formal**	profesor - alumno **Relación informal**	alumno - alumno
En la clase:	▶ .... ▶ .... ▶	▶ .... ▶ .... ▶	▶ .... ▶ ....

40 • cuarenta

6.3. Haz lo mismo con los siguientes ejemplos. Fíjate en la situación.

a. Relaciona el permiso con la explicación y subraya la incorrección gramatical.

Situación: *de vacaciones en el campo en la casa de los padres de un amigo*

Permisos
1. ¿Podría pongo la tele?
2. ¿Te importa si no acompañarte hoy al pueblo?
3. ¿Podría uso ordenador?
4. ¿Puedo llamar con tu móvil?
5. ¿Puedo repito tarta?

Explicaciones
a. Es que estoy un poco cansado y me gustaría quedarme a descansar.
b. Es que me he quedado sin batería.
c. Es que necesito leer mi correo.
d. Es que me gustaría ver las noticias.
e. Es que está buenísima.

| 1 | 2 | 3 | 4 | 5 |

b. Escribe los permisos, corrigiendo las frases que son incorrectas, en el lugar correspondiente.

Situación	Interacción	
	chico - padres	amigo - amigo
De vacaciones en el campo en casa de los padres de un amigo	▶ .... ▶ .... ▶	▶ .... ▶ .... ▶ ....

6.4. Las siguientes frases son las respuestas a algunos de los anteriores permisos. Relaciónalas con las imágenes y escríbelas completando el espacio en blanco debajo de la columna correspondiente: conceder permiso o denegarlo.

a. Sí, por ...., úsalo.
b. Lo siento, ... que no me queda saldo.
c. ...., cámbiate.
d. No, ... ya sabes que en clase no están permitidos los móviles.
e. Naturalmente, ..., coge.
f. ...., claro, ponla.
g. ...., claro, quédate.
h. Es .... yo tengo frío.
i. Por supuesto, cógelo.

Denegar:
....
....
....

Conceder:
....
....
....

Denegar:
....
....
....

Conceder:
Sí, ... úsalo.
....
....

Denegar:

....
....
....

Conceder:

....
....
....

Denegar:

....
....
....

Conceder:

....
....
....

Denegar:

....
....
....

Conceder:

....
....
....

Denegar:

....
....
....

Conceder:

....
....
....

Denegar:

....
....
....

Conceder:

....
....
....

Denegar:

....
....
....

Conceder:

....
....
....

Denegar:

....
....
....

Conceder:

....
....
....

6.5. **Escribe la frase correspondiente.**

a. ▶ ¿*(Ofrecer una hamburguesa)*?

....

▷ No, gracias, no tengo hambre.

b. ▶ Coge un poco de pastel, está buenísimo.
▷ *(Aceptar invitación)*.

....

c. ▶ *(Ofrecer tu móvil para llamar)*.

....

▷ Gracias, es que el mío no tiene batería.

d. ▶ ¿Quieres venir al cine?
▷ *(Denegar invitación por tener que estudiar)*.

....

6.6. **Completa las palabras que faltan en los siguientes diálogos. Puedes ayudarte de los dibujos y de los verbos que están en los cuadros. En otros casos, para completar el espacio en blanco solo necesitas fijarte en la información que hay en las frases.**

escuchar • tirar • hacer • encender

42 • cuarenta y dos

a. ► ¿Puedo _____ estas _____? Es que necesito cortar unas cosas.
▷ Sí, por supuesto, cógelas.

b. ► ¿_____ entregar mañana el trabajo de Matemáticas? Es que no he podido terminarlo.
▷ Está bien. _____ mañana.

c. ► Perdone, ¿podría colgar la _____ en esta percha?
▷ Naturalmente, _____.

d. ► ¿Puedo poner _____ en tu mesa? Es que yo no tengo sitio.
▷ Sí, sí, _____.

e. ► ¿Podría _____ el _____ antes de comprarlo?
▷ Sí, sí, claro, _____ allí.

f. ► ¿Te importa si _____ las _____ ? Ya están muertas.
▷ Sí, sí, _____.

g. ► ¿Puedo guardar los _____ en tu armario? El mío está lleno.
▷ Sí, _____.

h. ► ¿Le importa si _____ unas fotocopias?
▷ Sí, por supuesto, _____.

i. ► ¿Puedo mover el _____ un poco? Es que no llego a la mesa.
▷ Naturalmente, _____.

j. ► ¿Podría _____ el _____ un momento? Es que necesito saber si he recibido un mensaje.
▷ Sí, sí, _____.

6.7. **a.** El imperativo tiene varios usos. Vamos a trabajar con algunos de ellos. Busca en las siguientes sopas de letras verbos y palabras para completar las frases que tienes debajo. Fíjate en la situación y el uso y transforma el verbo en imperativo. Mira el ejemplo.

① **Situación:** *un médico especialista en salud se dirige al público en general* (uso de usted)

Uso: instrucciones o recomendaciones para una vida sana.

Verbos

B	A	Y	U	O	G	N	M
E	V	B	J	Ñ	B	A	O
B	R	A	I	A	Z	E	H
E	F	H	A	C	E	R	O
R	F	T	A	O	N	T	E
A	D	O	R	M	I	R	Ñ
K	D	H	D	E	B	A	P
D	T	G	I	R	D	T	H
Z	O	I	L	U	J	A	E
U	B	R	F	U	M	A	R

Palabras

V	J	K	I	U	N	H	C
E	D	E	P	O	R	T	E
R	Q	O	A	B	S	C	J
D	Z	T	O	V	T	A	R
U	O	K	E	C	B	G	C
R	L	A	P	N	H	T	F
A	J	G	Q	A	O	O	R
F	L	U	E	R	P	R	U
U	E	A	D	M	L	O	T
P	J	P	T	E	R	I	A

a. No ***duerma*** menos de ***ocho*** horas.
b. _____ dos litros de _____ al día.
c. No _____.
d. _____ mucha _____ y _____.
e. _____ _____ regularmente: andar, montar en bici…

cuarenta y tres • **43**

2 **Situación:** *una madre a sus hijos* (uso de vosotros)

Uso: órdenes o instrucciones.

Verbos

G	E	K	R	D	P	M	A
A	R	A	N	S	B	O	C
Ñ	E	P	E	U	G	I	O
O	C	F	L	C	A	P	S
T	O	Ñ	H	O	N	O	T
R	G	E	A	M	P	N	A
J	E	T	C	O	M	E	R
N	R	N	E	I	C	R	S
M	N	C	R	T	S	H	E
A	Z	I	B	U	B	M	T

Palabras

N	A	H	F	U	I	A	C
A	H	A	R	P	A	P	H
R	Ó	B	U	B	G	Q	O
T	P	I	T	V	U	E	C
E	C	T	A	R	E	A	O
L	N	A	P	N	H	T	L
E	A	C	Q	A	O	O	A
F	T	I	E	R	P	R	T
U	A	Ó	D	M	L	O	E
P	C	N	T	E	R	I	A

> **1.** .... la ....
> **2.** .... la .... del colegio.
> **3.** No .... la ....
> **4.** .... pronto.
> **5.** No ....

b. Mira las frases que tienes que completar y busca en las sopas de letras los verbos y las palabras que faltan. Escribe las frases usando los pronombres. Mira el ejemplo.

Situación: *en casa de un amigo* (uso de tú)

Uso: conceder permiso.

Verbos

F	L	C	R	D	P	C	A
Ñ	H	O	N	S	B	E	C
E	A	M	E	U	G	R	H
O	C	F	N	C	A	R	A
T	M	Ñ	C	O	N	A	C
R	O	E	E	M	P	R	E
P	L	A	N	C	H	A	R
N	P	N	D	I	C	R	S
P	O	N	E	R	S	H	E
L	C	A	R	U	M	E	R

Palabras

K	A	B	R	I	G	O	V
D	T	G	I	C	P	A	R
R	O	B	U	N	U	P	N
T	P	Y	T	A	E	Q	I
E	C	T	L	G	R	A	O
C	O	N	A	L	T	T	R
E	M	P	R	I	A	V	O
N	H	C	A	M	A	N	P
D	I	C	R	A	P	N	A
E	R	A	D	I	O	A	O

> **1.** Sí, ... la .... Yo también quiero oírla. ➧ **Sí, enciéndela.**
> **2.** Naturalmente, ... la .... En ese armario está la plancha. ➧ ....
> **3.** No, mejor, ... el .... en la percha. ➧ ....
> **4.** Sí, sí, ... la .... Hay mucho ruido. ➧ ....
> **5.** No, no .... la .... ahora; desayuna primero. ➧ ....

6.8. Las siguientes frases son las preguntas para pedir permiso de la actividad b. de 6.7. Relaciónalas con su respuesta.

1. ¿Puedo encender la radio?	
2. ¿Te importa si pongo el abrigo aquí?	
3. ¿Es posible planchar la ropa?	
4. ¿Hago la cama?	
5. ¿Te importa si cierro la puerta?	

6.9.

a. Tienes que completar el texto con las palabras que te damos en los cuadros, los verbos tienes que transformarlos en imperativo de *usted*. Las letras son los enlaces, pero de ellos nos ocupamos en la siguiente actividad.

piscina • España • restaurante • chiringuito[(1)] • alrededores • náuticos • romántica • bungalow

pasear • divertirse • practicar • disfrutar • alojarse • quedarse • cenar • tener • venir • acercarse

[(1)]*bar en la playa.*

b. Ahora escribe el texto de los enlaces señalados en la página web con una letra. Las siguientes frases pertenecen a cada uno de ellos; elige las más apropiadas para cada enlace y escríbelas en el cuadro que tienes debajo. Transforma el infinitivo al imperativo de *ustedes*.

> despertarse en una casa al lado el mar • pedir los mejores vinos • elegir diferentes rutas de senderismo • bañarse en el Mediterráneo • hacer windsurf • tomar el sol en la arena • apuntarse a un curso de vela • correr por la orilla • probar a hacer submarinismo • dormir sin ruidos • llevarse la cámara y fotografiar el paisaje • elegir los platos más típicos.

A

B

C

D

E

6.10. **a.** Ordena el diálogo.

a. **Silvia:** Y es que también… las sandalias blancas que me gustan tanto, ¿te importa si me las pongo también? ¡Es que van tan bien con ese vestido!

b. **Alba:** Hola, Silvia. ¿Qué pasa?
Silvia: ¡Hola! Alba, ¿cómo estás?
Alba: Pues bien, pero, ¿qué quieres?
Silvia: Pues verás, es que van a venir unos compañeros de trabajo a casa y quería pedirte algunas cosas.
Alba: Muy bien, dime.
Silvia: Verás… ¿Puedo ponerme tu vestido de flores?

c. **Alba:** No, no las compres. Hoy he empezado la dieta.
Silvia: ¿Y dónde tienes el pañuelo de seda? ¿Puedo ponérmelo también?
Alba: Silvia, dime todo lo que necesitas de una vez, ¿vale?, estoy trabajando.

Silvia: No, nada más. Voy a recoger y limpiar un poco la casa, ¿friego el suelo de tu habitación?

d. **Alba:** No me importa, Silvia… Póntelas.
Silvia: ¡Qué buena amiga eres! Por cierto, voy a bajar al supermercado ¿te compro esas galletas de chocolate que te encantan?

e. **Alba:** No, Silvia, ya lo friego yo mañana. Pero puedes echarte mi colonia, si quieres. Un beso. ¡Hasta esta noche!

f. **Alba:** Vale, pero está sin planchar.
Silvia: No importa. ¿Te plancho el resto de la ropa?
Alba: Bueno, vale, pero no es necesario.

El orden es:

b. Completa este diagrama. Marca con *V* las cosas que Alba acepta y con *X* las cosas que Alba rechaza.

Silvia necesita:

- ☐
- ☐
  ☐

Silvia se ofrece para:

☐
- ☐
- ☐

6.11. Lee los siguientes diálogos, complétalos con los verbos y pronombres adecuados y después rellena este diagrama con los números de los dibujos que representan las tareas de cada uno de ellos.

Ana	Sergio	Óscar

1. Fregar el suelo.

2. Limpiar el polvo.

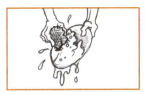
3. Lavar los platos.

4. Planchar.

5. Poner la lavadora.

6. Hacer la cama.

7. Barrer.

8. Pasar la aspiradora.

Ana: ¿Friego el suelo?	
Sergio: No, no ...., ya lo hago yo.	
Sergio: ¿Paso la aspiradora?	
Óscar: No, no ...., ya lo hago yo.	
Sergio: ¿Hago la cama?	
Ana: No, no ...., ya la hago yo.	
Óscar: ¿Plancho la ropa?	
Sergio: No, no ...., ya lo hago yo.	
Ana: ¿Limpio el polvo?	
Óscar: No, no ...., ya lo hago yo.	
Sergio: ¿Pongo la lavadora?	
Ana: No, no ...., ya lo hago yo.	
Sergio: ¿Barro el salón?	
Ana: No, no ...., ya lo hago yo.	
Ana: ¿Lavo los platos?	
Óscar: No, no ...., ya lo hago yo.	

6.12. Los siguientes textos son consejos para un examen importante. Léelos y escribe la idea principal, que resume el verbo resaltado, en el cuadro que tienes debajo, en el apartado correspondiente. Transforma el verbo en imperativo de *usted*. Ten en cuenta que algunos de ellos van en negativo. Mira el ejemplo.

- Es necesario **terminar** el proceso de estudio al menos 24 horas antes del examen. Es inútil **aprender** cosas nuevas horas antes.
- Por supuesto: hay que **ser** puntual y **llegar** con tiempo suficiente para relajarse y estar tranquilo.

- Cada persona tiene su propia forma de estudiar y recordar lo aprendido. Pero tenga cuidado, no es bueno **confiar** demasiado en nuestra memoria, por eso es conveniente **subrayar**, **resaltar** y **hacer** esquemas.
- Se recomienda también **no hablar** del examen antes de empezarlo: **no comentar** dudas o preguntas de última hora.
- También debe **evitar** todo tipo de emociones fuertes: **discutir**, **preocuparse** por otras cosas.
- Es importante **planificar** el estudio: **organizar** las materias y el tiempo que se va a dedicar a cada una de ellas. Es recomendable no centrarse en aquellas que nos interesan o gustan más.
- **Dedicar** tiempo a descansar o hacer alguna actividad que le guste, puede ayudarle a relajarse: **pasear**, **escuchar** música, **hacer** deporte…
- Es evidente que cuando nos den las preguntas hay que **mantener** la calma y **no ponerse** nervioso.
- No debe **entregar** el examen sin revisarlo, y sobre todo, **poner** especial atención a las faltas de ortografía.
- Es muy importante **eliminar** los pensamientos negativos sobre el resultado de la prueba.

Preparando el examen

Planifique el estudio.

El día anterior al examen

Termine de estudiar 24 horas antes del examen. No aprenda cosas nuevas.

El día del examen

Sea puntual.

Durante el examen

Mantenga la calma.

cuarenta y siete • **47**

Índice

Unidad 1 .... pág. 3

Unidad 2 .... pág. 11

Unidad 3 .... pág. 17

Unidad 4 .... pág. 25

Unidad 5 .... pág. 32

Unidad 6 .... pág. 40